MEMOIRE SIGNIFIÉ.

POUR Samuel de Cardonville, *Marchand-Fabriquant de Bas de l'Institution de l'Hôpital de la Trinité, & Marchand Passementier à Paris.*

Quoiqu'il ne s'agisse que de l'execution provisoire d'une Sentence de Police, qui n'est que d'instruction, Cardonville est obligé de donner à ses Juges, & au Public, une juste idée de la conduite des Gardes-Marchands Bonnetiers, & de celle qu'il leur a opposée, afin de faire connoître l'estat present de la Fabrique de Bas de Soye de Paris, & la nature de son establissement, qui fait tout à la fois le bien de l'Etat (*a*), celui du Public (*b*) & des Fabriquans (*c*).

(*a*) Le bien de l'Etat, en établissant une Fabrique de Bas de Soye, d'une qualité des plus parfaites, à un prix si modique, que l'Etranger sera forcé d'en tirer des Marchandises, parce qu'il n'en trouvera pas ailleurs d'aussi parfaits à si bon marché.

(*b*) Le bien du Public, en lui vendant des Bas de Soye à beaucoup meilleur marché qu'il ne les achete ordinairement.

(*c*) Le bien des Fabriquans, en leur augmentant le prix qu'on leur paye pour leur façon, afin de leur donner une utile émulation, & de les engager à faire des ouvrages parfaits.

A

Cette nouvelle Fabrique que Cardonville eſta-
blit, n'a pas eû le bonheur de plaire à la plûpart des
Marchands Bonnetiers de Paris. Ils ne voient qu'avec
des yeux jaloux les premiers ſuccès de cet eſtabliſſe-
ment, & n'épargnent rien pour en arrêter le progrès.
Ils ont crû que la calomnie pourroit réüſſir à lui arra-
cher la confiance dont le Public l'honore. Ce moyen,
tout odieux qu'il eſt, n'a point revolté leur délicateſſe ;
ils l'ont dépeint comme un homme errant, ſans hon-
neur, ſans mœurs & ſans religion, & comme un im-
poſteur qui cherchoit à tromper le Public, à la faveur
de quelques découvertes chimeriques. Il a crû juſqu'à
preſent ne devoir oppoſer à leurs reproches, que ſa
conduite & ſon travail ; mais leur malignité s'eſt aigrie
par ſon ſilence même : ils lui ont ſuppoſé des contraventions qu'il n'a jamais commiſes ; ils ont fait ſaiſir
ſes marchandiſes, ſes outils, ſes livres & écritures ; &
pour rendre cette expedition plus éclatante, & conſe-
quemment plus propre à le décrediter, ils ſe ſont fait
accompagner d'une troupe d'Archers. C'eſt donc pour
arrêter une perſecution auſſi cruelle, qu'il implore aujourd'hui l'autorité de la Juſtice, & il ſe propoſe ici de
ſe juſtifier à la fois aux yeux du Public & de ſes Juges,
en rendant un compte exact des differentes operations
de ſon Commerce.

Après avoir travaillé dans differens païs à s'acquerir
la connoiſſances des Soyes, & l'art de les facturer, il
a eu la conſolation de voir fructifier ſes ſoins & ſon
travail ; il a inventé pluſieurs machines propres à l'ap-
prêt des Soyes ; & il oſe dire que cette découverte eſt
d'une utilité infinie, pour perfectionner & abreger ce
travail.

Pour faire uſage de ſes découvertes, il jetta les yeux
ſur le Corps des Marchands Bonnetiers, parce qu'il
avoit remarqué que les défectuoſitez de la plûpart des
Bas de Soye qui ſe débitent dans Paris, viennent ſin-
gulierement du défaut de travail que les Soyes doivent
avoir avant d'être fabriquées en Bas. Il communiqua
ſur cela ſes obſervations aux Gardes Marchands Bonnetiers, & leur fit remarquer une infinité d'abus qui
ſe commettoient dans leur Corps, par ceux qui profi-
tent du peu de connoiſſance qu'a le Public. Il s'imagi-
noit que ces gens deſtinez à maintenir l'ordre & la
bonne foy dans leur Communauté, ne manqueroient
pas de reprimer ces abus; mais il ne fut pas long-tems
à s'appercevoir qu'il eſtoit dans l'erreur, & qu'il eſtoit
inutile de raiſonner avec des gens qui gagnoient trop
à ne ſe pas laiſſer perſuader. Il fut donc obligé de quit-
ter priſe, en témoignant ſeulement le déplaiſir qu'il
avoit de voir la mauvaiſe foy favoriſée par les Gardes
mêmes.

La ſeverité & le zele pour le bien public qu'il fit
paroître alors, jetterent l'allarme parmi ceux des Marchands Bonnetiers qui ne ſont pas portez pour la re-
forme. Il fut donc regardé par ces Meſſieurs, comme
un homme dangereux qui pouvoit apporter dans leur
Corps un changement très-préjudiciable à leurs inte-
rêts; ainſi on n'eut pas beaucoup de peine à trouver
des voix pour l'exclure, lorſqu'il ſe preſenta pour être
admis dans ce Corps.

Ce refus ne le rebuta point : peut-être même en fut-
il encouragé.

Il ſe pourvut donc d'une Lettre de Maîtriſe de Mar-

chand Paſſementier à Paris, afin d'avoir le droit d'eſta-
blir des Moulins & autres machines pour faƈturer les
Soyes, quoiqu'il ſoit permis à tous les Citoyens de cette Ville d'y faire ce travail, ſans craindre d'être in-
quietez, n'y ayant point de Maîtriſe particuliere pour
le devidage, moulinage & faƈturage des Soyes.

Il prit un logement dans le Fauxbourg S. Antoine,
lieu privilegié pour toutes ſortes d'ouvriers, pour lequel il a paſſé bail devant Notaire, à raiſon de ſix cens
livres par an.

Il a enſuite obtenu un Privilege d'Ouvrier de l'Inſ-
titution de l'Hôpital de la Trinité, pour lequel il a
payé huit cens livres comptant à Meſſieurs les Adminiſtrateurs de cet Hôpital, & tous les faux frais, qui
montent au moins à une pareille ſomme. Tous ces faits
ſont certains: il y en a des preuves.

Cardonville, après avoir dépenſé plus de trois
mille livres, pour ſe mettre en ſituation de travailler
tranquillement, & ſans craindre d'être inquieté, commença ſon Commerce & ſa Fabrique de Bas dans la
Boutique qui lui fut donnée par Meſſieurs les Adminiſtrateurs de l'Hôpital de la Trinité, dans l'enclos de
cet Hôpital, où la bonne qualité des marchandiſes qu'il
a débitées, & le bon marché qu'il en a fait, lui ont at-
tiré en très-peu de tems un grand concours d'acheteurs. Ces heureux commencemens acheverent de ſou-
lever contre lui tout le Corps des Marchands Bonnetiers.

On regarda ſa ruine comme une œuvre neceſſaire
au ſalut commun; on y travailla de concert, & l'on
commença le 13 Février dernier, par une irruption vio-

lente qu'on fit dans la Maiſon qu'il occupe au Fauxbourg S. Antoine. La troupe eſtoit compoſée des Gardes-Marchands Bonnetiers & d'un Commiſſaire, eſ-
cortez d'un Huiſſier, de Recors & d'Archers du Guet
à pied. Il eût beau ſe récrier contre un procedé auſſi
inique, on ne l'écouta point, & l'on dreſſa ſur le champ
un Procès-verbal de ſaiſie, dans lequel on comprit
non-ſeulement toutes ſes marchandiſes fabriquées &
non fabriquées, les Roüets, Ovales, Balances, Poids,
& autres uſtanciles neceſſaires à la preparation des
Soyes, mais même, ce qui eſt criant, ſes Livres, Regiſtres, Journaux, copies de Lettres miſſives, Lettres
de correſpondance, & autres papiers domeſtiques, tout
fut enfermé dans un coffre, ſur lequel les ſcellez furent appoſez, & le coffre laiſſé à la garde d'un Chau-
dronnier.

Il ſe pourvût devant M. le Lieutenant General de
Police, pour avoir main-levée de la ſaiſie ; mais les
Gardes-Marchands Bonnetiers prétendirent, que toutes ſes marchandiſes eſtoient défectueuſes, & qu'elles
eſtoient ſujettes à confiſcation ; enſorte que par Sentence contradictoire du 20 Février dernier, il fut or-
donné, *que les marchandiſes ſaiſies ſeroient vûës & viſitées*
par des Experts, qui diſtingueroient & mettroient dans un pa-
quet à part, les défectueuſes, ſi aucunes y avoit ; à l'effet de
quoi les ſcellez ſeroient levez par le Commiſſaire qui les avoit
appoſez, pour, après les choſes ſaiſies, eſtre remiſes ſous les ſcel-
lez, & les Regiſtres & papiers eſtre rendus au Demandeur,
préalablement paraphez par le même Commiſſaire, pour eſtre
leſdits Regiſtres & papiers repreſentez à l'Audiance, lors du
Jugement définitif, dépens reſervez.

A iij

Le 5 Mars suivant Cardonville obtint un Arrêt, qui le reçût Appellant de cette Sentence, & qui, sur les défenses requises de la mettre à execution, ordonna que les Parties en viendroient à la huitaine, toutes choses demeurantes en estat.

Sur l'opposition que les Gardes de la Bonneterie formerent à cet Arrêt, les Parties furent appointées à mettre ; mais comme il s'agissoit d'une Sentence de Police, dont on présume toujours que l'execution doit être provisoire, la Cour ordonna par un Arrêt du 30 Juin dernier, que la Sentence seroit executée par provision.

Il est donc aujourd'hui question de sçavoir comment cette Sentence s'executera ; c'est ce qui donne lieu d'examiner, 1°. quels peuvent être les Experts qui visiteront les marchandises. 2°. quelles sont les especes de contravention dont on accuse Cardonville.

Il demande d'abord, si on le forcera de prendre pour Experts des Marchands Bonnetiers ? Assurement ce seroit establir ses propres Parties Juges dans leur cause ; ce seroit le soumettre à la décision de ses ennemis. Il croit donc pouvoir requerir que la visite soit faite par deux Marchands connoisseurs, non-suspects, & en presence de deux Administrateurs de l'Hôpital de la Trinité, conformement aux anciens Reglemens, & singulierement aux Lettres Patentes du mois de Juillet 1721, enregistrées au Parlement le 23 Août suivant.

A l'égard des contraventions qu'on lui reproche, en voici le détail.

Il est, dit-on, sans qualité, pour faire le Commerce & la Fabrique de Bas de Soye.

RE'PONSE.

Sa qualité eſt certaine : il a droit de faire la Fabrique & le Commerce de Bas, au moyen du Privilege que Meſſieurs les Adminiſtrateurs de l'Hôpital de la Trinité lui ont accordé. C'eſt ce qu'on ne ſçauroit lui conteſter.

Mais, dit-on, ſa Fabrique & ſon Commerce doivent eſtre renfermez dans l'enclos de l'Hôpital de la Trinité ; & cependant il fait un Commerce conſiderable dans l'appartement qu'il occupe au Fauxbourg Saint Antoine, & il y tient une groſſe Fabrique.

RE'PONSE.

Cardonville convient avec les Gardes - Marchands Bonnetiers , que ſa Fabrique de Bas au Métier doit eſtre renfermée dans l'enclos de l'Hôpital de la Trinité ; c'eſt - à - dire, que c'eſt dans cet endroit ſeul de ſon Privilege qu'il peut avoir des Métiers ; auſſi s'eſt-il toujours exactement renfermé dans les bornes de ſon Privilege, & l'on ne prouvera jamais qu'il ait eû des Métiers ailleurs que dans l'enclos de la Trinité. La ſaiſie qu'on a faite ſur lui, prouve bien démonſtrativement qu'il n'y avoit point de Métiers dans ſa maiſon du Fauxbourg S. Antoine.

A l'égard de ſon Commerce , c'eſt à-dire, le droit qu'il a de vendre les Bas qui ont eſté fabriquez dans l'enclos de la Trinité, ce droit ne ſouffre point de reſtriction ; & il ſoutient,

1°. Qu'il lui eſt permis de vendre dans toute l'eſten-
duë de la Ville de Paris , & par tout ailleurs , les Bas
qu'il a fait fabriquer dans la Trinité. C'eſt un Privilege
qui eſt accordé aux Ouvriers de la Trinité , par l'Edit
d'Henry II. du 16 Decembre 1556 , confirmé par des
Lettres Patentes du 2 Juin 1578 , dûëment verifiées en
la Cour.

C'eſt en conſequence de ces titres reſpectables , que
la Cour , dans une conteſtation pareille à celle-ci , par
Arrêt du 13 Juin 1665 , ordonna *que les Edits , Declarations,
Arreſts & Reglemens concernans les Privileges des Ouvriers &
Enfans de l'Hôpital de la Trinité , ſeroient executez ſelon leur
forme & teneur ; ce faiſant , fit iteratives deffenſes aux Jurez
des Métiers de cette Ville de Paris , de faire proceder par voye
de ſaiſie ſur les Ouvrages fabriquez dans ledit Hôpital de la
Trinité,* PAR LA VILLE OU AUTREMENT , LORSQU'ILS
SERONT PORTEZ POUR ESTRE VENDUS , *ſoit par les Ouvriers dudit Hôpital , ou par les Enfans d'iceluy ,* à *peine de
500 liv. d'amende , dépens , dommages & intereſts.* Cet Arrêt
a eſté lû & publié en Jugement , l'Audiance tenant au
Parc Civil du Châtelet de Paris , le 27 Juin 1665. Il fut
ſignifié à tous les Jurez des Corps & Métiers , & en
particulier aux Maîtres & Gardes Marchands Bonnetiers , par Exploit du 17 Juillet 1665.

Aux termes de cet Arrêt , qui ne fait que confirmer
les anciens Privileges , Cardonville a donc le droit de
vendre *par la Ville , ou autrement ,* les Bas qu'il fait fabriquer dans l'enclos de la Trinité. Conféquemment
les Gardes-Marchands Bonnetiers s'abuſent , quand
ils ſoûtiennent que ſon Commerce doit être renfermé
dans l'enclos de la Trinité. Il ne faut pas confondre ſon
Commerce avec ſa *Fabrique.*   2°.

Il prétend qu'indépendamment du Privilege que l'Hôpital de la Trinité luy donne, qu'il luy eſt encore permis de vendre ſes marchandiſes dans le Fauxbourg S. Antoine, qui eſt un lieu privilegié par luy même : c'eſt ce qu'on ne ſçauroit nier.

Mais ce qui doit confondre les chicanes des Gardes Marchands Bonnetiers, c'eſt que Cardonville n'a jamais fait uſage de ces droits qu'il reclame icy. Jamais il n'a vendu ſes marchandiſes ailleurs que dans ſa boutique, ſituée dans l'enclos de la Trinité : il défie de prouver le contraire.

Il eſt vray que les Gardes Marchands Bonnetiers ont trouvé dans ſa maiſon, au Fauxbourg S. Antoine, des Soyes & des Bas fabriquez ; mais dans quels Reglemens ont-ils vû qu'il fût deffendu à Cardonville d'avoir des Soyes chez luy ; d'avoir les uſtanciles neceſſaires pour les devider, mouliner & mettre en eſtat d'être fabriquées en toutes ſortes d'ouvrages, telles que ce puiſſe être ? N'eſt-ce pas un travail qui eſt permis à tout le monde ?

A l'égard des 58 paires de Bas qui ont eſté trouvées chez luy (a), c'eſt encore une circonſtance qui ne marque aucune contravention, lorſqu'on fait attention à la nature du Privilege qui luy eſt accordé dans la Trinité. Ce Privilege ne luy procure qu'une boutique pour faire fabriquer, c'eſt-à-dire, qu'il ne luy donne qu'un lieu pour loger quatre mêtiers au plus ; enſorte qu'il eſt obligé, comme tous les autres Privilegiez, de

---

(a) De ces 58 paires de Bas, il y en a plus des deux tiers qui ſont noirs, & qui ſortoient de la teinture & aprêts : la plus grande partie des autres ſont deſtinés pour être pareillement teints en noir.

B

loüer ailleurs un appartement, pour retirer ſes meu-
bles,& pour coucher:c’eſt même une clauſe de ſon bail.
Il eſt donc d’une neceſſité abſoluë,que dans cet appartement,qui fait ſa veritable demeure & ſon unique do-
micile, il tranſporte les Bas qu’il a fait fabriquer
dans la Trinité, pour les faire coudre, teindre & ap-
prêter; attendu que les choſes neceſſaires pour faire
cette ſuite de travail, manquent dans la Trinité. On
ne peut pas raiſonnablement former la moindre conteſtation ſur cet article, puiſque de tems immemorial
tous les Privilegiez de la Trinité ont fait & font la même choſe, ſans qu’on y ait jamais trouvé à redire : &
l’on ne ſçauroit blâmer, ni condamner cet uſage, ſans
aneantir le Privilege de la Trinité, parce qu’autrement
on mettroit les Privilegiez dans l’impoſſibilité d’en faire uſage.

C’eſt donc encore une prétention ridicule de vouloir aſſujettir Cardonville à reſſerrer dans ſa boutique de la Trinité tous ſes Livres, Journaux & autres
Ecritures, & ſon argent comptant, & à y faire adreſſer
ſes Lettres de correſpondances. Il ſeroit fort à plaindre,
ſi on luy impoſoit une loy ſi dure; car en premier lieu
la Trinité eſtant un azile abandonné pendant la nuit,
puiſque perſonne n’y couche, il s’y commet des vols fré-
quens, ainſi qu’il a eſté prouvé, ce qui oblige tous les
Privilegiez à n’y laiſſer jamais que leurs métiers & outils. Il ſeroit donc le ſeul expoſé au pillage, ſi l’on en
vouloit croire ſes Adverſaires. En ſecond lieu,on n’entre
point dans la Trinité les Dimanches, ni les Fêtes : comment feroit donc Cardonville,pour recevoir les Lettres
de change qui luy ſeroient adreſſées ces jours-là? com-

ment pourroit-il donc confulter fes Livres dans des oc-
cafions preffantes , lorfque l'entrée de la Trinité , où
ils feroient renfermez , luy feroit interdite ?

Enfin les Marchands Bonnetiers prétendent qu'il
n'eft pas permis à Cardonville de faire travailler ,
hors l'Enclos de la Trinité , au devidage , moulinage
& doublage des Soyes ; & pour le prouver , ils foû-
tiennent, 1°. qu'il ne fçauroit exercer deux métiers à la
fois , & qu'il doit avoir abandonné les droits que luy
donne fa Maîtrife de Paffementier , dès qu'il s'eft renfermé dans le Privilege de la Trinité. 2°. Que ce Privilege de la Trinité luy ôte le droit de faire aucun ouvrage , tel qu'il puiffe être , dans le Fauxbourg S. Antoine, lieu privilegié pour tous les Ouvriers.

R E' P O N S E.

Il eft certain , & c'eft une verité que les Marchands
Bonnetiers ne fçauroient nier , que dans Paris il n'y a
aucune Maîtrife pour le devidage , moulinage & doublage des Soyes. Tout le monde a la liberté de travailler à ce genre d'ouvrage. Pourquoy voudroit-on donc
deffendre à Cardonville ce qui eft permis à tout le
monde ?

Il n'eft pas icy queftion de fa Maîtrife de Paffementier. Il n'eft aucunement obligé d'en abandonner le ti-
tre ; & quand il fait travailler au devidage , moulinage des Soyes, il ne le fait point en vertu de fa Maîtrife
de Paffementier. A-t-il befoin en effet d'aucune qualité , pour faire ce qui eft de droit commun , & ce que
tout le monde eft libre de faire ?

Ceſt une autre puerilité de ſoûtenir que ſon Privilege de la Trinité luy ôte le droit de faire aucun ouvrage dans le Fauxbourg S. Antoine ; car ce Privilege ne peut pas luy ôter le droit de faire ce qui eſt generalement permis à tout le monde, ſoit dans le Fauxbourg S. Antoine, ſoit ailleurs.

Les Marchands Bonnetiers , après avoir chicané Cardonville , comme on vient de le voir , ſur l'étenduë de ſon Privilege, l'accuſent de deux contraventions, qu'ils prétendent conſtatées par leur Procez verbal de ſaiſie.

1o. Ils ſoûtiennent que les Soyes qu'ils ont ſaiſies ſur luy ſont défectueuſes , & qu'elles ne ſont pas ſuffiſamment cuites.

2o. Que ſes Bas ſont défectueux , & non conformes aux Statuts & Reglemens.

R E' P O N S E.

Il eſt étonnant que les Gardes Marchands Bonnetiers veüillent faire paſſer pour défectueuſes, des Soyes gréſes qui ſont encore telles que la Nature les a produites , & qui n'ont jamais paſſé par les mains d'aucuns Ouvriers : telles ſont la plûpart des Soyes ſaiſies ſur Cardonville. A-t-on jamais entendu dire qu'on ait ſaiſi des Soyes gréſes , pour cauſe de défectuoſité ?

Il n'eſt pas moins étonnant qu'ils oſent avancer dans ce même Procez verbal de ſaiſie, que les Soyes teintes ſaiſies ſur luy ne ſont pas ſuffiſamment cuites. Comment pourront-ils juſtifier que des Soyes blanches ou grifes, telles que le font celles faifies fur Cardonville ne peuvent pas être fuffifamment cuites ?

Il refte prefentement à examiner fi les Bas qu'on a faifis fur Cardonville, font défectueux & non conformes aux Statuts & Reglemens.

Cardonville demande qu'il luy foit permis de faire fur cet article une obfervation extrémement importante; fçavoir, que fes Bas peuvent n'être pas conformes aux Statuts & Reglemens, fans cependant être défectueux. Car l'ufage fait fouvent fléchir la regle, ainfi qu'il va en donner des exemples qui feront fenfibles; & il aura beaucoup d'obligation aux Marchands Bonnetiers, s'ils veulent bien luy donner quelques éclairciffemens fur les difficultez qu'il va leur propofer.

L'article I. de l'Arrêt du 16 Octobre 1717, porte, *que les Bas de Soye à homme peferont au moins quatre onces, à peine de confifcation, tant des Bas, que des Mefliers fur lefquels ils auront efté faits, de 100 liv. d'amende, & d'eftre déchûs de leur Maîtrife & Profeffion contre les Fabriquants : & de 100 l. d'amende, & d'interdiction de leur commerce, en cas de recidive, contre les Marchands.*

Voilà affûrément des deffenfes conçûës en termes bien précis; cependant cet article du Reglement n'eft point executé. Il eft de notorieté publique qu'il fe fabrique & qu'il fe débite tous les jours dans Paris une grande quantité de Bas de Soye à homme, qui pefent moins de trois onces, quoyque le Reglement fixe leur poids à quatre onces au moins. Dira-t-on pour cela que tous les Marchands & tous les Fabriquants de Paris, qui font dans cet ufage, foient en contravention ?

Cardonville foûtient que non : & voicy comme il raiſonne.

Les Reglemens n'ont point d'aûtre objet que le bien public : or l'interêt du Public exige qu'il foit permis de fabriquer & de débiter des Bas à homme d'un poids au-deſſous de quatre onces, lorſque l'experience nous apprend que ces Bas font d'un excellent uſage, qu'ils contribuënt à la perfection de la Fabrique, & que par leur beauté, ils nous mettent en état de nous paſſer des Bas fins qu'on tiroit ordinairement de l'Etranger; ce qui produit un double bien pour l'Etat.

Mais pour pouvoir tirer de cette eſpece de Bas les avantages dont Cardonville parle, il faut que ces Bas foient fabriquez avec des Soyes organcinées, & faits fur des mêtiers proportionnez à la fineſſe de la fiſe dont la maille eſt compoſée; ſans quoy ils n'auront point cette perfection qui eſt neceſſaire pour en rendre l'uſage utile.

Mais qu'arrive-t-il dans le commerce ? On fait fabriquer de ces fortes de Bas fins avec des Soyes qui font feulement moulinées en poil ou en trême; on les fait faire fur des mêtiers non proportionnez à la fineſſe de la fiſe, dont la maille eſt compoſée, & l'on vend ces Bas, qui, quoique apparens, ne ſçauroient être que mauvais, fans avertir les Acheteurs de la groſſe difference qui fe trouve, tant fur le prix (*a*), que fur l'u-

---

(*a*) La Soye moulinée feulement en poil ou en trême, ne revient au plus, prête à être fabriquée en bas, qu'à 42 f. l'once, & la Soye fuperfin organcin, prête à être fabriquée en Bas, revient à environ 60 f. l'once.

On ne paye aux Ouvriers que 3 à 5 liv. pour fabriquer une paire de Bas fur les Métiers Jauge 23 & 24; & l'on paye jufqu'à 6 livres par paire de Bas fabri-

ſage entre ces Bas, & ceux fabriquez avec des Soyes organcinées, & ſur des Métiers de Jauge proportionnez à la fineſſe de la ſiſe du Bas (*a*).

quez ſur un Métier Jauge 26.

Donc les Fabriquans & les Marchands qui font fabriquer des Bas, dits Bas fins, avec des Soyes non organcinées, & ſur des Métiers Jauge 23 & 24, peuvent donner leſdits Bas à 11 liv. la paire ; & tout ce qu'il y a de plus beau & de plus parfait dans ce genre, à 13 liv. la paire, & gagner 10 à 15 pour cent.

Lorſque les Bas fabriquez avec des Soyes organcinées, & ſur un Métier Jauge 26, reviennent au moins de 14 à 16 liv. la paire aux Marchands & Fabriquans qui les font fabriquer.

Je ne parle point des Bas ondez, ni des Bas fabriquez ſur les Jauges 28, 30, & plus fins.

La Soye ſeulement moulinée en poil, eſt tirée ordinairement de 16 à 20 Coucons, & torſe enſuite brin à brin.

(*a*) La Soye organcinée eſt tirée ordinairement de 4 à 6 Coucons, & torſe enſuite brin à brin, à un point beaucoup plus fort que celui du Poil ; on double enſuite cette Soye en deux, & on lui donne un nouveau tors encore plus fort que celui du Poil ; enſorte que ces deux brins de Soye, qui ne compoſent preſque la moitié d'un brin de Soye moulinée en poil, font cependant plus forts qu'un brin de Soye moulinée ſeulement en poil.

Un pouce de large d'un Métier Jauge 23, ne contient que 23 Eguilles.

Et un pouce de large d'un Métier Jauge 26, contient 26 Eguilles ; enſorte qu'un Bas monté ſur 14 pouces de large, ſur un Jauge 23, ne porte dans toute ſa largeur que 322 Eguilles ; lorſqu'un Bas monté ſur la même largeur, ſur un Jauge 26, porte 364 éguilles ou mailles, ce qui eſt 42 mailles de plus.

Cardonville laiſſe la concluſion à Mrs les Gardes Bonnetiers, & il oſe ſeulement dire, que le Public n'eſt pas aſſez éclairé, pour connoître à la vûë & à la main un Bas fabriqué ſur un Jauge 24 d'avec celui fabriqué ſur un Jauge 26. Il y a même des Ouvriers dont l'ouvrage l'emporte ſur un autre, au point qu'un Bas fabriqué ſur un Jauge 24, paroît plus beau que celui fabriqué ſur un Jauge 26.

Il eſt encore plus difficile de connoître à la vûë & à la main, & ſans le défiler, un Bas fabriqué avec des Soyes organcinées, d'avec celui fabriqué avec des Soyes moulinées ſeulement en poil ; par conſequent le Public ne peut connoître la qualité d'un Bas fin, que par l'uſage, ce qui fait qu'il ſoufre un grand dommage de la part de ceux qui abuſent de ſon peu de connoiſſance.

Voicy encore un exemple que Cardonville propose aux Marchands Bonnetiers.

L'article IV. de l'Arrêt du 30 Mars 1700, porte, *que les Soyes preparées pour les Bas, ne pourront estre employées en moins de huit brins.* L'Art. V. du même Arrêt porte, *qu'elles seront plattes & nerveuses.*

On demande aux Marchands Bonnetiers comment ils entendent ces deux articles du Reglement, & on leur soûtient qu'il est impossible de les concilier, & consequemment d'y satisfaire. En effet pour pouvoir distinguer si la Soye est *employée en huit brins*, conformément à l'article IV. du Reglement, il faut necessairement que les Soyes ordinaires ayent esté moulinées en poil; & si ce sont des Soyes fines, dites trêmes, elles doivent avoir esté moulinées à deux bouts, avant leur cuisson, c'est-à-dire, qu'elles doivent avoir esté torses, sçavoir, les Soyes ordinaires brin à brin, & les fines en deux brins, avant d'être cuites, ce qui fait qu'elles forment des brins distincts l'un de l'autre après la cuisson. Or dans ce cas elle ne sera plus platte, comme l'exige l'article V. Si au contraire la Soye n'a point esté moulinée en poil, & qu'elle ait esté seulement moulinée

Cardonville demande aux Marchands Bonnetiers, s'il ne peut pas lui être permis de vendre des Bas fins, fabriquez sur des Métiers proportionnez, & non proportionnez à la finesse de la sise du Bas, & avec des Soyes organcinées & non organcinées, en avertissant le Public de la grosse difference qui se trouve tant sur le prix que sur l'usage d'un Bas fabriqué avec des Soyes organcinées, & sur un Métier proportionné à la finesse de la sise du Bas, d'avec celui fabriqué sur un Métier non proportionné à la finesse de la sise du Bas, & avec des Soyes non organcinées, lorsqu'il peut justifier que plusieurs Marchands vendent indifferemment ces qualitez, sans faire connoître au Public la difference du prix & la difference de l'usage.

en

en demi-fise avant la cuisson, elle demeurera platte, mais les brins ne feront plus diftincts l'un de l'autre ; enforte qu'il fera impoffible de diftinguer fi la Soye qui compofera la fife du Bas aura efté employée en huit brins, conformément à l'article IV. Ainfi de quelque côté qu'on fe tourne, il y aura toûjours l'un des deux articles auquel il ne fera pas poffible de fatisfaire, & cependant on pourra faire d'excellens Bas, en y contrevenant. D'où l'on peut conclure qu'on ne peut pas toûjours faifir des Bas, par la feule raifon qu'ils ne font pas exactement conformes aux Reglemens, lors que d'ailleurs ils ne font point défectueux (a).

Voicy encore un exemple que Cardonville propofe aux Marchands Bonnetiers.

(a) L'ufage des Bas fabriquez avec des Soyes non moulinées en poil, & moulinées feulement en demi-fife, eft très-défectueux ; car ils cottonnent de plus en plus, lors qu'ils font portez, au lieu que les Bas fabriquez avec des Soyes moulinées en poil, ne jettent ordinairement que le premier duvet de la Soye, & ne cottonnent jamais. Il n'y a feulement que la Soye du bout des nœuds, qui forme une efpece de petit vlouté dans les lieux où ils fe rencontrent, lorfque le Bas n'eft pas bien aprêté.

Les Bas qui font fabriquez avec des Soyes non moulinées en poil, font plus luftrez que les Bas fabriquez avec des Soyes moulinées en poil. Les premiers ont plus de maniement que les derniers, & il faut même être connoiffeur, pour donner la préférence à la meilleure qualité, foit à la vûë, foit à la main. Ainfi le Public ne peut connoître que par l'ufage, s'il a été trompé, ou non.

Cardonville demande aux Marchands Bonnetiers s'il ne peut pas luy être permis de vendre des Bas fabriquez avec des Soyes moulinées en poil, & des Bas fabriquez avec des Soyes non moulinées en poil, & moulinées feulement en demi-fife, en avertiffant le Public de la groffe difference qui fe trouve, tant fur le prix, que fur l'ufage d'un Bas fabriqué avec des Soyes moulinées en poil, d'avec celuy fabriqué avec des Soyes non moulinées en poil, lorfqu'il peut juftifier que plufieurs Marchands vendent indifféremment ces qualités, fans faire connoître au Public la différence du prix & la différence de l'ufage.

L'article XII. de l'Arrêt du 30 Mars 1700, porte, *que les ouvrages seront bien proportionnez, & faits d'une égale force & bonté, sans maille double, maille morduë, arrachures, serrures, ni ouvertures.* Ne peut-on pas encore demander aux Marchands Bonnetiers comment ils interpretent cette loy écrite dans les Reglemens, *les ouvrages seront bien proportionnez?* Comment entendent-ils cette expression, *proportionnez?* Le Reglement veut-il assujettir les Fabriquants à conserver dans tous les Bas qu'ils font, des proportions regulieres, pas exemple, à leur donner sur le molet une largeur qui soit toûjours proportionnée à celle du genou & de la cheville du pied? C'est ce qui n'est pas praticable; car les Bas sont faits pour les jambes: or toutes les jambes n'étant pas d'une égale proportion, il est d'une necessité absoluë de faire quelquefois des Bas qui ne soient pas proportionnez. On sent dès-là qu'il seroit ridicule de saisir des Bas qui n'auroient point d'autres défauts, que celuy de n'être pas proportionnez à une jambe, lorsqu'ils le seroient à une autre.

On demande aussi aux Marchands Bonnetiers, si tous leurs Bas de Soye sont d'une égale force & bonté du haut en bas, & si un Bas renforcé dans le talon & dans la semelle, n'est pas contraire aux Reglemens dans ce cas particulier (*a*)?

On leur demande encore ce qu'ils font des Bas où il se trouve des défectuositez contraires aux Reglemens,

(*a*) Il est constant que l'on peut renforcer le talon & la semelle d'un Bas, d'un sixiéme en sus la force du corps du Bas, sans ôter de sa beauté. Cette augmentation de force rend un Bas beaucoup meilleur, non pas seulement par la force de la Soye, mais encore par une raison de force mouvante.

car on ne croit pas qu'ils ofent avancer qu'il ne fe trouve aucun défaut contraire aux Reglemens, dans les
Bas qu'ils font fabriquer, & dans ceux qu'ils vendent (*a*).

Quelle eft la confequence qu'on doit tirer de ces ob-
fervations? c'eft que les Reglemens qu'on vient de ci-
ter doivent neceffairement être changez, parce qu'ils
renferment des difpofitions que l'experience nous a
appris être contraires au bien public & à celuy de la
Fabrique même; mais en même tems il faut qu'une
nouvelle Loy mette un frein à la mauvaife foy de plufieurs Marchands, dont le Public n'eft que trop fouvent la victime (*b*).

Cardonville indique luy-même une route certaine
pour prévenir toutes les fraudes, & il eft le premier à
la fuivre. Si tous les Marchands faifoient comme luy,
les Reglemens deviendroient inutiles ; car on s'arra-
cheroit à foy-même la malheureufe liberté de pouvoir

(*a*) Ne peut-il pas être permis à Cardonville de vendre fes Bas, lorfqu'il s'y rencontre quelque défectuofité, comme maille dou-ble, maille morduë, arrachures, ferrures, ouvertures, ou autres, en avertiffant le Public defdits défauts, & en diminuant le prix defdits Bas du prix des parfaites qualitez, lorfqu'il peut juftifier que les Marchands Bonnetiers les vendent indifferemment, fans faire appercevoir les défectuofités ?

(*b*) Cardonville ofe avancer, qu'il y a beaucoup de Maîtres Fa-briquans, qui ont le cœur pénétré, de voir jufqu'à quel point le Pu-blic eft trompé par ceux qui abu-fent de fon peu de connoiffance : l'état malheureux où font réduits ces Fabriquans, depuis la réünion des Marchands Bonnetiers aux Fa-briquans de Bas, leur ôte la force & le courage de foliciter au Con-feil Royal du Commerce, un nouveau Reglement, pour réme-dier au nombre affreux de fraudes qui fe commettent dans cette Fa-brique & dans ce Commerce, tant fur les Ouvrages de Soye, de Lai-ne, de Coton, de Fil & autres ma-tieres, que fur ceux fabriqués de deux defdites matieres jointes & mêlées enfemble.

tromper le Public, en abufant de fon peu de connoiffance. Voicy donc la methode que la probité & la bonne foy de Cardonville luy ont infpirée. En plombant
chaque paire de Bas, il y attache une étiquette, fur laquelle il écrit la quantité de tors qu'il a donné à la Soye
dont le Bas eft fabriqué, le poids que pefe la paire de
Bas, & le prix jufte auquel elle doit être venduë ; enforte que dans fa boutique, il eft impoffible de tromper, & inutile de marchander (a).

(a) Cardonville donne les parfaites qualités de Bas de Soye à
homme, fabriqués avec des Soyes
moulinées en poil ou en trême, &
torfes enfuite deux fois, dits Bas à
trois tors, péfans 5 onces, à 12
liv. la paire. Les fecondes qualités
idem, à 11 liv. 10 f. la paire ; &
les premieres qualités de Bas à
homme, fabriqués avec des Soyes
non moulinées en poil, & moulinées feulement en demi fize, dits
Bas à deux tors, péfans 5 onces, à
11 liv. la paire ; les fecondes qualités idem, à 10 liv. 10 f. la paire. Il diminuë ou il augmente le
prix defdits Bas, proportionnelle-
ment à leur poids ; fçavoir, les
Bas fabriqués avec des Soyes à
trois tors, à raifon de 5 fols par
gros, & les Bas fabriqués avec
des Soyes à deux tors, à raifon de
4 f. par gros. La difference qu'il
fait du prix des Bas à trois tors de
celui des Bas à deux tors, vient
de ce que le travail des Soyes
des premiers, rend les Bas
d'un meilleur ufage que celui des
derniers, & que le tors que la Soye

a de plus, coute au moins cette di-
ference.

Lorfqu'il fe rencontre quelque
défectuofité dans une paire de Bas,
comme maille morduë, maille
double, arrachures, ferrures, ouvertures ou autre défaut, il diminuë du prix de tous lefdits Bas, 5
f. 10 f. 15 f. 20 f. 25 f. & jufqu'à
30 f. par paire de Bas, fuivant les
défectuofités ; enforte qu'il donne
quelquefois des Bas de Soye à homme, péfans cinq onces, pour neuf
francs la paire, lorfqu'il s'y trouve
de grandes défectuofités.

Malgré toutes les précautions
que Cardonville a prifes jufqu'à ce
jour, pour faire enforte que le Public ne foit point trompé, en ache-
tant chez lui, il a reconnu par lui-
même, qu'on peut l'être par erreur, fans fon confentement ; ce
qui a fait que de fon propre mou-
vement, & fans que perfonne fe
foit plaint, il s'eft foumis, ainfi
qu'il fe foumet encore aujourd'hui
envers le Public, de rendre l'argent aux Acheteteurs, qui fe trou-
veront trompés par le faux énoncé

Cardonville en revient donc à fon premier raifon-
nement : les Reglemens ne font faits que pour le bien
public ; leur objet eft d'empêcher les Fabriquants & les
Marchands d'abufer de fon peu de connoiffance, pour
le tromper : on peut donc fe conformer à leurs vûës,
& remplir leur objet, lorfqu'en s'écartant de quelques-
unes de leurs difpofitions, le Public, loin d'en fouffrir
quelque dommage, y trouve fon avantage. C'eft ce
que fait Cardonville ; & fa bonne foy dans le commerce eft telle, que jamais avec luy le Public ne fçauroit
être trompé : & comme il veut en donner toutes les
preuves qui dépendront de luy, il fupplie les Gardes
& Marchands Bonnetiers de vouloir bien l'éclairer de
leurs lumieres fur un projet qu'il a formé.

Ce projet eft de pofer inceffamment dans fa boutique un tableau, avec des explications bien intelligi-
bles, au moyen defquelles le Public pourra connoître

1°. Toutes les défectuofitez qui fe peuvent rencon-
trer dans un Bas.

2°. La difference qui fe trouve entre un Bas fabriqué
avec des Soyes moulinées en poil, & un Bas fabriqué
avec des Soyes moulinées feulement en demi-fife.

de fes étiquettes, fi le cas y échoit, quoique contre fa volonté ; de leur laiffer les Bas pour rien, & de don- ner une pareille valeur à l'Hôtel-Dieu de la Ville de Paris Il ne s'eft encore prefenté aucun Plaignant ; l'attention que le Public doit avoir pour fon interêt particulier, lui fait croire qu'il a été affez heureux pour s'appercevoir lui-même de fes erreurs.	Le bien du Public demande, que les Gardes Marchands Bonnetiers déclarent, fi on peut tromper le Public, en fuivant de pareils ar- rangemens, & qu'ils juftifient en quoi les Bas de Cardonville, dits Bas à trois tors, peuvent être dé- fectueux des meilleures qualités qui fe fabriquent & vendent dans Paris.

3°. La difference qu'il y a entre un Bas fabriqué avec des Soyes organçinées, & un Bas fabriqué avec des Soyes non organcinées.

4°. La jauge du mêtier fur lequel un Bas aura efté fabriqué.

Ce tableau relatif aux étiquettes qu'il attache à chaque paire de Bas, mettra toutes les opérations de fon commerce en évidence, & prouvera démonftrativement la fincere envie qu'il a de ne tromper perfonne. Il fe trouveroit très-heureux, s'il donnoit des exemples qui fuffent imitez.

Il n'eft donc pas queftion d'examiner fi les Bas faifis fur Cardonville font litteralement conformes aux Reglemens, ou non. Pourquoy en effet luy feroit-on un crime de n'avoir pas fuivi des Reglemens, qui dans le fait ne font fuivis de perfonne, & dont il prouve effectivement que l'execution eft impoffible ? Tout l'objet de l'examen fe borne donc à fçavoir fi fes Bas font défectueux; & il foûtient qu'ils font chacun dans leurs qualitez, tels que les Marchands Bonnetiers n'en peuvent donner de meilleurs, au prix qu'il les vend : ceux qui font marquez & plombez feront foy de ce qu'il avance.

Suivant les faits dont Cardonville vient de rendre compte, & fur la verité defquels il ne craint aucun contredit, il eft évident que la faifie faite fur luy eft une veritable vexation. Plus fa bonne foy éclate, plus il travaille à fe rendre utile au Public, & plus la jaloufie des Marchands Bonnetiers s'éleve contre luy; mais il ofe fe flatter que les efforts qu'ils font pour le perdre, feront inutiles, & qu'il trouvera toûjours, foit dans la perfonne de fes Juges, foit dans le Public, la protection qui eft dûë à un Marchand qui fait profeffion d'une probité exacte, & qui n'a point d'autre crime, que celuy de vouloir empêcher, par un exemple puiffant (*a*), que les autres Marchands n'en commettent.

(*a*) Les Gardes Marchands Bonnetiers ont les principes, la pratique & les leçons des Reglemens dictés & recherchés par les plus habiles Maîtres Fabriquans. En confequence, Cardonville leur demande une Loi, à laquelle ne prévariquant pas, il ne puiffe plus être inquieté injuftement & avec tyrannie, fur le fondement des Reglemens, que la pratique, l'ufage & le bien general de la Nation demandent, qu'ils ne foient ni executés, ni fuivis. Ainfi, au défaut par les Gardes Marchands Bonnetiers, de lui donner cette nouvelle Loi, il a lieu d'efperer, que Noffeigneurs du Bureau du Commerce lui en donneront une de leur autorité, pour l'executer, jufqu'à ce qu'il plaife au Confeil du Roy de donner de nouveaux Reglemens au Corps des Marchands Bonnetiers.

Me BAUDRY, Procureur.

De l'Imprimerie de MOREAU, ruë S. Jacques, à la Toifon d'or.